ANNE-MARIE DALMAIS

# Fröhliche Reisezeit

## Der Reisereigen dreht sich weiter

Mit Illustrationen von Annie Bonhomme

CIP-Titelaufnahme der Deutschen Bibliothek

**Dalmais, Anne-Marie:**
Fröhliche Reisezeit : der Reisereigen dreht sich weiter / Anne-Marie Dalmais. [Übers. aus dem Ital.: Renate Navé]. –
München : F. Schneider, 1991
ISBN 3-505-04494-6

© 1991 by Franz Schneider Verlag GmbH
Frankfurter Ring 150 · 8000 München 40
Alle Rechte dieser Ausgabe vorbehalten
Übersetzung aus dem Italienischen: Renate Navé
Originaltitel: IL GIRAFAVOLE
Copyright © 1990 Arnoldo Mondadori Editore S. p. A., Mailand
Idee, Layout und Text: Anne-Marie Dalmais
Titelbild und Illustrationen: Annie Bonhomme
Umschlaggestaltung: Claudia Böhmer
Lektorat: Helga Jokl
Herstellung: Manfred Prochnow
Satz: ADV-Augsburger Druck- und Verlagshaus, Augsburg (16˙ Times)
Druck und Einband: Artes Gráficas, S.A., Toledo, Spanien
ISBN: 3–505–04494–6
D.L. TO-2160-1990

# INHALT

Einleitung                                                                      6

Belgien ✻ Pack die Badehose ein...                              9

Spanien ✻ Drei Schweinchen im sonnigen Süden     25

Portugal ✻ Eine stürmische Seefahrt                         41

Deutschland ✻ Die abenteuerliche Zugfahrt
des Severin Dachs                                                         57

Holland ✻ Kasimir entdeckt das Tulpenparadies     73

Nordamerika ✻ Im Land der Wolkenkratzer             89

# Einleitung

Die Käuzin Käthe Heckmeck versteht die Welt nicht mehr. In ihrem Städtchen Möhrenfeld ist wahrlich der Teufel los. Die sonst so fleißigen und redlichen Bürger sind wie verwandelt und von einem seltsamen Fieber ergriffen: dem Reisefieber. Mit einem Male wollen alle in Urlaub fahren. Frau Rosig überwindet ihre Angst vor dem Fliegen, der Stationsvorsteher Severin Dachs fährt mit dem Zug durch die Lande, die Ballettlehrerin Anna Ballerina schließt ihre Tanzschule und schippert auf einem Luxusdampfer ungeahnten Abenteuern entgegen. Ja selbst den Bürgermeister zieht es in die Ferne, er fliegt mit seiner Frau sogar nach New York.

Jeder Möhrenfelder reist auf seine Weise: Die einen bereiten sich sorgfältig und monatelang auf ihre Reise vor, sie studieren Fahrpläne und Landkarten und bestellen rechtzeitig

ein Hotelzimmer. Andere wiederum brechen urplötzlich auf. Fast alle haben ein festes Ziel vor Augen, an dem sie auch wohlbehalten ankommen. Aber es gibt auch Leute, die ihre Reise genau geplant haben und trotzdem ganz woanders landen...

Wer von euch den ersten Band des REISEREIGENS kennt, der weiß, daß einige Möhrenfelder bereits in Italien, Frankreich, England, Österreich, in der Schweiz und in Japan gewesen sind.

In diesem Buch könnt ihr noch einmal die Möhrenfelder auf ihren Reisen begleiten. Die Reiseroute führt euch nach Belgien, Spanien, Portugal, Deutschland, Holland und sogar nach Nordamerika! Seid ihr startklar? Dann wünschen wir euch viel Spaß!

# Pack die Badehose ein…

**D**ie treusorgende Großmutter Nina Munkel hat beschlossen, mit ihren Enkelkindern in Urlaub zu fahren. Natürlich nicht mit allen fünf Enkeln, das wäre der alten Dame zu anstrengend. Nina Munkel nimmt nur die Zwillingsbrüder Schlingel und Bengel sowie deren Schwester Leckermäulchen mit.

Kichererbse und Strahlemann sind noch zu klein für eine Reise und müssen zu Hause bei ihrer Mutter in Möhrenfeld bleiben.

Damit ihre drei Enkelkinder während der Ferien viel an der frischen Luft sein können, hat Nina Munkel einen hübschen Badeort in Belgien ausgesucht.

Die drei Kätzchen sind von Anfang an vergnügt. Mit lachenden Gesichtern steigen sie in den Zug. Sie sind schon ganz aufgeregt, denn die Großmutter hat ihnen versprochen, daß sie in den Speisewagen gehen dürfen.

Während der Zug durch die Gegend rast, daß es nur so rüttelt und rattert, versuchen die drei zu essen. Das ist ein lustiges Erlebnis für die Katzenkinder, die sich vor Lachen kringeln. Der Rosenkohl kullert von ihren Tellern, und die Limonade spritzt nur so aus den Gläsern. Wenn das kein Spaß ist!

Leckermäulchen wundert sich, wie es der Kellner schafft, das Essen aufzutragen, ohne es über die Fahrgäste zu schütten. „Wahrscheinlich hat er jahrelang geübt", murmelt sie leise vor sich hin.

Auch nach dem Essen geht es lustig her.

Schlingel hat das Fenstertischchen aufgeklappt und läßt seine Spielzeugautos hin und her rollen.

Bengel macht sich einen Jux daraus, den Vorhang des Gangfensters auf- und zuzuziehen.

Leckermäulchen betrachtet von ihrem Fensterplatz aus die vorbeihuschende Landschaft. Mit ihrer Lieblingspuppe auf dem Schoß kann sie stundenlang so dasitzen, ohne daß ihr langweilig wird.

Nina Munkel hält ein Pläuschchen mit einer Frau, die auf der Heimreise nach Nordbelgien ist. Die Katzenkinder wundern sich darüber, daß die Frau so langsam spricht. Das ist auch komisch, denn bei ihnen sprudeln die Worte nur so aus den Mäulchen hervor.

Schließlich kommen sie in der gemütlichen Pension *Zur blauen Muschel* an.

„Jetzt aber nichts wie an die frische Luft", befiehlt Nina Munkel und treibt ihre Schützlinge zum Strand.

„So viel Platz zum Spielen", staunt Leckermäulchen, als es den endlosen Sandstrand erblickt.

Blau-weiß gestreifte Badezelte stehen dort in Reih und Glied nebeneinander. Nina Munkel setzt sich vor einem der Zelte in einen Liegestuhl und beginnt zu stricken. Dabei läßt sie die Kinder nicht aus den Augen, die mit ihren nagelneuen Schaufeln ein tiefes Loch graben.

Hinter den Zelten erstreckt sich eine Reihe weißer Holzkabinen. Hier können sich die Badegäste umziehen und

sich auch mal unterstellen, wenn es regnet.

Nina Munkel besteht darauf, daß die Kätzchen selbst bei trübem Wetter im Freien spielen. So geht sie auch bei Regen mit ihnen an den Strand. Die Kleinen sind schließlich nicht aus Zucker!

Heute nachmittag hört es einfach nicht auf zu nieseln. Großmutter Munkel sitzt deshalb auf einem Klappstuhl in der Kabinentür und sieht Schlingel, Bengel und Leckermäulchen beim Ballspielen zu.

Die drei Wildfänge merken nicht einmal, daß es regnet, so sehr sind sie in ihr Spiel vertieft. Naß werden sie nicht, denn ihre Ölmäntel schützen sie vor dem Regen.

Da die Katzenkinder die meiste Zeit am Strand verbringen,

haben sie bald neue Freunde gefunden. Am besten verstehen sie sich mit den kleinen Truthahndrillingen. Die drei entpuppen sich bald als kleine Vielfräße. Allein schon ihre Namen lassen einem das Wasser im Mund zusammenlaufen: Windbeutel, Marzipan und Papaya.

Die Kätzchen und die Truthahnkinder sind eine lustige Sechserbande. Heute nachmittag machen sie einen Wettkampf im Sandburgenbauen. Sie stellen drei Mannschaften auf: Schlingel und Windbeutel, Bengel und Marzipan, Leckermäulchen und Papaya. Unsere kleinen Baumeister errichten phantasievolle Burgen, die sie um die Wette mit Muscheln, Steinchen und Algen verzieren.

Zwischendurch gehen sie immer wieder schwimmen. Die Katzengroßmutter, die Truthenne und der Bademeister haben ein wachsames Auge auf sie, obwohl die Kätzchen und ihre kleinen Truthahnfreunde mit Schwimmreifen ausgerüstet sind. Sie spritzen sich gegenseitig an, jauchzen übermütig und schaukeln in den Wellen... Die Nordsee ist natürlich weitaus aufregender als das Möhrenfelder Schwimmbad.

„Igitt!" ruft Leckermäulchen und verzieht das Gesicht, als sie versehentlich Salzwasser schluckt.

Papaya hat trotz ihrer Badekappe Wasser in ein Ohr bekommen. Verflixt noch mal! Aber dennoch macht es den Kindern Spaß, im Meer zu baden, und über ihre kleinen Mißgeschicke können sie nur lachen.

Die kleine Rasselbande hat sich für heute etwas ganz Tolles vorgenommen: Sie will die größte Sandburg der Welt bauen. Da heißt es schaufeln, Sand auftürmen, klopfen und glätten. Schließlich ist die Burg so hoch, daß sie weit und breit zu sehen ist.

Leckermäulchen ist total geschafft und verkündet: „Jetzt brauche ich unbedingt eine Stärkung!"

„Wir auch! Wir auch!" schnattern die Truthähne im Chor und watscheln ihren Freunden hinterher.

Schlingel und Bengel bleiben bei der Sandburg zurück, um die Zinnen zu befestigen. Die Zwillinge sind so sehr in die Arbeit vertieft, daß sie gar nicht merken, wie die Flut langsam steigt.

Eine Stunde später ist die Burg vom Meer umspült.

Als die Großmutter einen wachsamen Blick auf die beiden Jungen wirft, erkennt sie sofort die drohende Gefahr und ruft den Bademeister.

Der kommt den Katzenkindern sogleich zu Hilfe. Mit zügigen Schritten watet er durch das Wasser, das ihm schon bis an die Hüften reicht. Dann packt er die beiden Jungen und trägt sie wie Kartoffelsäcke auf den Schultern ans rettende Ufer.

Das ist noch einmal gutgegangen, denn die Flut steigt unaufhaltsam. Sicher könnt ihr euch vorstellen, mit welcher Besorgnis die Leute vom Ufer aus die Rettung der Katzenkinder mitverfolgt haben. Schlingel und Bengel aber sind sich gar nicht bewußt, daß sie noch einmal mit einem blauen Auge davongekommen sind. Sie freuen sich nur, daß ihre Burg noch immer den Wellen standhält.

Der aufregende Zwischenfall konnte den Kätzchen nicht den Appetit verderben. Im Gegenteil!

Die Mahlzeiten in der Pension *Zur blauen Muschel* sind sehr reichhaltig. Aber Nina Munkels Schützlinge essen alles, was auf den Tisch kommt.

Heute abend trägt die Kellnerin einen Berg Pommes frites auf. Bengel, Schlingel und Leckermäulchen jubeln vor Freude beim Anblick der goldgelben, knusprigen Fritten. Sie knabbern eine nach der anderen, und im Nu ist der Berg weg. Wie könnte es bei der Naschhaftigkeit der drei Katzenkinder auch anders sein? Obwohl sie satt bis an die Barthaare sind, verdrücken sie auch noch den Nachtisch. Es ist eine belgische Spezialität, eine Torte mit Zuckerguß, die den Kätzchen nachts süße Träume beschert...

Neben den Gaumenfreuden bietet die Pension auch noch zahlreiche Zerstreuungen: Kartenspiele, Pingpong und Mini-Golf.

Unsere kleinen Freunde machen mit Freude bei allem mit, aber übermütig, wie sie nun einmal sind, hecken sie auch ein paar Streiche aus.

Stellt euch vor, eines Abends hört Nina Munkel leises Kichern auf dem Flur. Mißtrauisch wirft sie sich ein Tuch um die Schultern und sieht nach dem Rechten.

Sie beobachtet, wie Schlingel und Bengel sämtliche Schuhe vertauschen, die die Gäste zum Putzen vor die Tür gestellt haben. Zur Strafe droht sie den beiden an: „Morgen bekommt ihr den ganzen Tag keine einzige Pomme frite!"

Seit drei Tagen und drei Nächten wütet ein heftiger Sturm. Nina Munkel ist sehr froh darüber, denn so können ihre Schützlinge reichlich frische Luft tanken und sich abhärten.

Sie unternimmt mit ihnen lange Spaziergänge auf dem Damm oder geht mit ihnen an den Strand. Dabei predigt sie in einem fort: „Tief atmen, Kinder, tief atmen!"

Die kleinen Truthähne können mit den Katzenkindern kaum noch mithalten. Sie sind zwar ebenso quirlig wie diese, aber nicht so ausdauernd.

Damit die Enkelkinder mehr Spaß an den Spaziergängen haben, hat Nina Munkel ihnen einen prächtigen Papierdrachen geschenkt. Es ist ein wunderschöner Phantasievogel mit einem langen, bunten Schwanz.

Die Kätzchen halten abwechselnd die Schnur des Papiervogels, der lustig im Wind treibt. Sie wechseln sich zwar ab, aber nicht ohne Gezeter, denn im Grunde möchte jeder das neue Spielzeug für sich alleine haben.

Damit es ja gerecht zugeht und es keinen Streit gibt, schaut die Großmutter auf ihre Armbanduhr. Kein Kind darf seine Zeit überschreiten.

„Jetzt komm' ich wieder dran!" ruft Leckermäulchen und stampft mit dem Fuß auf.

„Nein, meine Liebe. Deinem Bruder stehen noch viereinhalb Minuten zu", widerspricht ihr die Großmutter.

Alle drei Katzenkinder haben ihre helle Freude an dem Drachen. Stundenlang könnten sie so im Freien herumlaufen – ohne zu jammern oder müde zu werden.

Doch eines Tages ist es plötzlich vorbei mit diesen schönen Spaziergängen.

Was ist geschehen? Eines Morgens, während Leckermäulchen den lustigen Drachen im Wind flattern läßt, wird er von einem Windstoß in die Tiefe gerissen. Direkt auf die Häuser stürzt er und verfängt sich schließlich am Schornstein eines Hotels. Aber es kommt noch schlimmer: Ein Wirbelwind erfaßt die Schnur und wickelt sie um den Blitzableiter.

Die armen Kätzchen! Ihre Bestürzung ist so groß, daß Nina Munkel kurzentschlossen den Hoteldirektor, Herrn Ferkel, aufsucht und ihm das Mißgeschick erzählt. Sie hofft natürlich, sein Mitgefühl zu erregen.

Der Direktor ist sehr liebenswürdig und lächelt freundlich. Nachdem sich Jakob Ferkel von Frau Munkel den Vorfall hat schildern lassen, verläßt er mit ihr sein Büro, um sich mit eigenen Augen davon zu überzeugen. „So ein Pech!" seufzt er. „Aber ich kann unmöglich da hinaufklettern. Tut mir leid, ich kann euren Drachen nicht herunterholen."

Trotz ihrer Enttäuschung können sich die drei Kätzchen nur mit Mühe das Lachen verkneifen, denn sie stellen sich vor, wie der dicke Herr Ferkel auf das Dach des Hotels hinaufsteigt.

„Ich hab's!" ruft der Direktor. „Im Herbst wird das Dach renoviert. Dazu wird ein Gerüst aufgestellt, und dann kann ich auf das Dach klettern und euren Drachen herunterholen. Zufrieden?"

Um Leckermäulchen zu trösten, bietet der Direktor ihr

feine Pralinen an. Doch der Trost währt nicht lange, nur bis zur letzten Praline.

Mit einem Seufzer kehren die Kätzchen in die Pension *Zur blauen Muschel* zurück.

„Wie schrecklich, daß wir bis zum Herbst warten müssen!"

„Und dann werden wir nicht einmal hier sein!"

„Hoffentlich hebt uns der Hoteldirektor den Drachen bis zum nächsten Sommer auf!"

„Wenn er bloß bis zum Herbst nicht kaputtgeht!"

Als Nina Munkel mit ihren Enkelkindern drei Wochen später abreist, tanzt der Drachen noch immer über dem Dach.

„Seht nur, er will uns auf Wiedersehen sagen", ruft Leckermäulchen hoffnungsvoll.

# Drei Schweinchen im sonnigen Süden

Nach langem Hin und Her hat sich Familie Rosig entschieden, ihren Urlaub in Spanien zu verbringen.

Herr Rosig meinte zwar, im August wäre es etwas zu heiß, aber Frau Rosig hat ihn schließlich überreden können. „Ach was, du setzt dir einfach einen Strohhut auf, dann kann dir die Sonne nichts anhaben. Und zum Abkühlen brauchst du nur ins Meer zu gehen."

Und so fährt unsere Schweinefamilie nach Spanien. Natürlich fliegen sie. Ein bißchen mulmig wird Rosa Rosig schon bei diesem Gedanken.

Da geht es Söhnchen Dickie ganz anders. „Das ist mein erster Flug!" jubelt er.

Die Stunde der Abreise rückt immer näher. Familie Rosig hat alle Vorbereitungen getroffen, nur die Koffer müssen sie noch packen.

Der Vater pfeift fröhlich vor sich hin, was sonst nicht seine Art ist, denn er ist eher ernst und beherrscht.

Dickie tanzt übermütig um seine Reisetasche herum und stimmt ein lautes Indianergeheul an.

Mutter Rosig singt wie immer, wenn sie guter Dinge ist, ihr Lieblingslied. Sie verstaut gerade ein paar elegante Sommerkleider in ihrem Koffer, die sie für den Spanienurlaub ausgewählt hat. Rosa Rosig ist nämlich überaus eitel. Geblümte Stoffe und grelle Farben haben es ihr besonders angetan. Sie mag aber auch auffallende Hüte, bunte Schleifen, Rüschen und allen möglichen Firlefanz.

Dann ist es endlich soweit. Der Gärtner Kasimir Keimling bringt sie zum Flughafen. Dort werden sie an Bord der *Kuckuck 303* gehen, einer Maschine der bekannten Fluggesellschaft *Passatwinde*.

In der Abflughalle müssen sie sich an einem Schalter anstellen, um das Gepäck aufzugeben.

„Ist das nicht praktisch!" ruft Rosa Rosig begeistert. „Von jetzt an brauche ich mich nicht mehr um meinen Koffer zu kümmern. Oh, ich fühle mich jetzt ganz leicht, federleicht!"

Und als sie dann im Flugzeug sitzt, kennt ihre Begeisterung keine Grenzen. Aus den Bordlautsprechern tönt heitere Musik, und die Stewardessen begrüßen sie mit einem freundlichen Lächeln.

Als die Maschine dann aber zum Start ansetzt, wird es Rosa Rosig doch ein wenig unheimlich. Hoch in den Wolken fängt die Maschine später durch einen aufkommenden Wind zu rütteln an! Jetzt fällt Rosa beinahe das Herz in die Hose. Sie senkt die Rückenlehne ihres Sitzes und macht es sich bequem. Um nicht daran erinnert zu werden, daß sie im Flugzeug sitzt, schließt sie die Augen.

Dickie dagegen ist begeistert. Er schaut ununterbrochen aus dem Fenster und bekommt vom Unbehagen seiner Mutter nichts mit.

Herr Rosig liest seelenruhig die Zeitung, so als säße er zu Hause in seinem Lehnstuhl.

Der Flug dauert nicht lange, und als sie die Gangway hinuntersteigen, sind sie ganz geblendet vom hellen Sonnenschein des Südens. Da muß selbst Rosa Rosig zugeben, daß das Flugzeug doch ein wunderbares Transportmittel ist.

Mutter Rosig strahlt über das ganze Gesicht (natürlich auch, weil sie erleichtert ist, wieder festen Boden unter den Füßen zu haben). Sie trippelt ihrem Mann ins Flughafengebäude nach. Vertrauensvoll wartet sie auf ihren Koffer. Doch zunächst kommt das Gepäck ihres Mannes und ihres Sohnes an. Schwups greift Herr Rosig danach! Das Förderband bewegt sich langsam weiter. Immer wieder bringt es weitere Koffer, Pakete und andere Gepäckstücke. Nur Rosa Rosigs Koffer ist nicht darunter.

Sie warten eine Viertelstunde, bis das Förderband ganz leer ist. Alle Fluggäste haben ihr Gepäck bekommen, nur Rosas Koffer bleibt verschwunden.

Jetzt sieht Rosa rot! Versetzt euch mal in ihre Lage! Die Ärmste hat außer den Sachen, die sie am Leib trägt, nichts anzuziehen.

„Dieser Traum vom Fliegen war zu schön. Da mußte ja noch ein dickes Ende nachkommen", jammert sie.

„Kommt, wir gehen ins Fundbüro!" schlägt Herr Rosig vor.

Doch keiner von ihnen kann spanisch sprechen. Deshalb müssen sie sich mit Händen und Füßen verständigen.

Der Verlust des Koffers löst auch beim Flughafenpersonal große Verwirrung aus.

Alle reden durcheinander, und am Schluß versteht Mutter Rosig nur, daß man sie im Hotel anrufen wird, sobald der Koffer wieder auftaucht.

Da es sonst keine weiteren Formalitäten zu erledigen gibt, macht sich Familie Rosig auf den Weg zu ihrem kleinen Strandhotel. Vater Rosig hat es aus dem bekannten Reiseführer „Reisen ist schön" ausgesucht.

Der Reiseführer hat nicht zuviel versprochen. Das Hotel ist traumhaft schön gelegen.

Trotz ihres Ärgers über den verschwundenen Koffer ist Mutter Rosig hellauf begeistert, als sie das hübsche Hotel erblickt. Die Wände sind schneeweiß, und auf den Terrassen leuchten rote Geranien.

Nachdem ein paar Tage verstrichen sind und der Koffer noch immer nicht gefunden wurde, macht Herr Rosig seiner Frau einen vernünftigen Vorschlag: „Meine liebe Rosa, ich weiß, wie wir dein Problem lösen können. Ich kaufe dir ganz einfach neue Kleider, spanische natürlich."

Rosa aber trauert noch immer ihren Sachen nach, deshalb nimmt sie den Vorschlag ihres Mannes nur zögernd an. Doch als sie länger darüber nachdenkt, sieht sie allmählich ein, daß das ein recht verlockendes Angebot ist. „Du hast wie immer recht", sagt sie zu ihrem Mann, „wir wollen gleich losgehen."

Gesagt, getan. Herr und Frau Rosig brechen mit ihrem Sohn zu einem Einkaufsbummel auf. Wenig später betreten die drei ein elegantes Kleidergeschäft. Auch hier müssen sie sich mit Gesten verständlich machen.

Die Verkäuferin zeigt ihnen sofort ein paar spanische Kleider mit vielen Rüschen, die beim Gehen leise rascheln.

Rosa Rosig bewundert sich im Spiegel. Die Machart trifft ganz ihren Geschmack.

Als Herr Rosig die Kleider bezahlt hat, schenkt er seiner Frau auch noch einen Fächer und *Kastagnetten*. Rosa ist mit einem Male wie verwandelt. Den verschwundenen Koffer hat sie vergessen, vorbei ist ihre schlechte Laune – ganz zur Freude ihres Mannes und ihres Söhnchens.

Jetzt beginnen die Ferien erst richtig! Unsere Freunde befolgen eifrig die Tips aus dem Reiseführer und werden bei ihren Unternehmungen nie enttäuscht.

Bereits früh am Morgen, wenn es noch nicht so heiß ist, verlassen die unternehmungslustigen Schweinchen das Hotel, um Ausflüge zu machen.

Dickies Begeisterung ist am größten. Er findet alles interessant – die Fischerboote am Strand ebenso wie die herrlichen Gebäude. Staunend betrachtet er die Zitadellen, die mächtigen Stadtmauern und die prachtvollen Kirchen.

Vater Rosig ist eifrig am Fotografieren und achtet darauf, daß ihm ja keine Sehenswürdigkeit entgeht. Schließlich soll das Fotoalbum vollständig sein.

Mutter Rosig trippelt lächelnd in ihrem rauschenden Kleid hinterdrein.

Schon nach einigen Stunden brennt unseren drei Spanienurlaubern die Sonne heiß auf den Rücken. Deshalb beschließen sie, ins Hotel zurückzukehren.

Dort schlüpfen sie sofort in ihre Badesachen und eilen zum Strand, um sich bei einem erfrischenden Bad von den Strapazen zu erholen. Da Schwimmen hungrig macht, genehmigen sie sich eine Riesenportion Meeresfrüchte. Nach dem Essen ziehen sie sich zur *Siesta* in ihre Zimmer zurück. Dort ist es dämmrig und kühl, weil die Fensterläden den ganzen Tag geschlossen sind. Wie wohltuend ist es doch, während der glühenden Mittagshitze ein Nickerchen zu machen! Bald geben die Schweinchen grunzende Schnarchtöne von sich... Darin sind sie wahre Meister.

Durch das Mittagsschläfchen entgehen die drei Schweinchen der ärgsten Hitze. Außerdem sind sie am Abend ausgeruht und können bis spät in die Nacht hinein aufbleiben.

Familie Rosig hat sich rasch an die spanische Lebensweise gewöhnt. Erst gegen neun Uhr abends sitzen sie im Mondschein beim Abendessen. Rosa Rosig trägt ihre spanischen Kleider und ist festlich herausgeputzt. Lächelnd lauscht sie den *Flamenco*-Klängen, zu denen sie mit ihrem Fächer den Takt schlägt.

Dickie zählt indessen die Sternschnuppen, die am wolkenlosen Himmel auftauchen.

Nach dem Abendessen macht die ganze Familie auf Vater Rosigs Anregung hin lange romantische Spaziergänge in den duftenden Gärten und Parks.

Die Rosigs sind ganz begeistert von ihrem neuen Lebensrhythmus: kurze Nächte, lange Mittagsruhe, vormittags Ausflüge, nachmittags am Strand, spät abends Abendessen bei stimmungsvoller Musik.

„Das Leben hier ist viel schöner als in Möhrenfeld", stellt Dickie fest. Er ist stolz darauf, daß ihn seine Eltern wie einen Erwachsenen behandeln und ihn überallhin mitnehmen.

Doch eines Tages kommt es zu einem aufregenden Zwischenfall. Während sie ein Schloß besichtigen, ist plötzlich Mutter Rosig verschwunden!

Sonderbar! Normalerweise sind es die Kinder, die verlorengehen, und nicht die Mütter!

Dickie und sein Vater laufen die Parkwege auf und ab, durchsuchen dreimal den Irrgarten aus Lorbeerbäumen und spähen hinter jeden Strauch. Doch auch beim Rosenbeet finden sie die Mutter nicht, dabei sind Rosen die Lieblingsblumen von Frau Rosig.

Vater Rosig weiß sich keinen Rat mehr: Seine Frau ist und bleibt verschwunden!

So beschließt er, ins Hotel zurückzukehren. Es könnte ja sein, daß Rosa inzwischen dort eingetroffen ist... Aber nein, auch im Hotel ist sie nicht. Es wird ihr doch nichts passiert sein? Vater Rosig beginnt, sich Sorgen zu machen...

Doch siehe da, eine Stunde später kommt Mutter Rosig vergnügt mit einer großen Blumenvase zurück. Und als sie ihren Mann und ihren Sohn mit kummervollen Gesichtern vorfindet, meint sie vorwurfsvoll: „Aber wie konntet ihr euch nur meinetwegen Sorgen machen? Wir sind doch im Urlaub."

Dann erzählt sie den beiden ihr Mißgeschick. Tatsächlich hat sie sich in dem riesigen Garten verirrt und verzweifelt einen Ausgang gesucht. Endlich fand sie dann ein kleines Tor, das in die Altstadt führte. Doch hier, in dem Gewirr von Gassen, hat sie sich abermals verlaufen. Zufällig entdeckte sie in einer der kleinen Straßen einen Töpferladen. Dort hat sie dann eine Keramikvase gekauft.

Eine geschlagene Stunde lang irrte sie umher, bis sie schließlich einen Polizisten nach dem Weg zu ihrem Hotel fragte.

Der Spanienurlaub der Rosigs geht viel zu rasch zu Ende, und schweren Herzens kehren die drei Schweinchen nach Möhrenfeld zurück.

„Gott sei Dank bleiben uns die vielen schönen Erinnerungen", sagt Rosa Rosig, um sich zu trösten.

Eine Woche später, als Frau Rosig strickend im Wohnzimmer sitzt, klingelt das Telefon. Es meldet sich ein Angestellter der Fluggesellschaft *Passatwinde*, um ihr mitzuteilen, daß ihr Koffer gefunden wurde.

„Koffer? Welcher Koffer? – Ah, mein Koffer für Spanien..."

Stellt euch vor, Rosa Rosig hatte ihn schon ganz vergessen. Und auch jetzt hatte sie Mühe, sich daran zu erinnern, so sehr ist sie noch von dieser wunderschönen Reise begeistert.

# Eine stürmische Seefahrt

An einem warmen Septembertag geht Frau Löwenzahn mit ihrem jüngsten Sohn Benni in der Hauptstraße von Möhrenfeld spazieren.

Sie kommen an der Konditorei vorbei, und zehn Minuten später stehen sie vor dem großen, alten Gebäude, in dem die Tanzschule von Anna Ballerina untergebracht ist.

„Na so was!" staunt die Kaninchenfrau, als sie den Zettel an der Tür liest. „Gestern war dieser Zettel doch noch nicht da. Da steht doch glatt, daß die Schule bis zum ersten Oktober geschlossen ist."

Frau Sauerklee schmunzelt und murmelt: „Das ist wieder

einmal typisch für Anna Ballerina. Ständig diese Geheimniskrämerei!"

Doch die anmutige Katze, die die Möhrenfelder Tanzschule leitet, hat ausnahmsweise mal keine Geheimnisse. Sie ist schlicht und einfach in Urlaub gefahren. Und wißt ihr, wohin ihre Reise geht? – Nach Portugal.

Fräulein Anna Ballerina ist eine vorbildliche Touristin. Nichts vermag ihre gute Laune zu trüben: kein verspäteter Zug, kein stickiges Abteil, kein kalter Regenschauer... Aber auch ihre Neugier ist schier unstillbar. Kein Weg ist ihr zu weit, wenn sie eine hübsche Gegend erkunden will. Kurz, sie ist eine unermüdliche, begeisterte und fröhliche Touristin. Und obendrein ist sie immer tipptopp gekleidet!

Lächelnd genießt unsere Katze die kühle Meeresbrise, als sie mit ihrem geblümten Sonnenschirm an den Fischerbooten vorbeischlendert. Sie ist in einen luftigen, grünen Mantel gehüllt, zu dem sie eine bunte Halskette trägt. Diese Kette ist etwas ganz Besonderes. Sie ist ein Begrüßungsgeschenk vom Direktor der Lissabonner Tanzschule. Doch für Fräulein Ballerina ist sie mehr als ein Schmuckstück, sie ist fortan ihr Glücksbringer.

In einem Park lauscht sie andächtig den Worten des Fremdenführers und trägt in ihrem Notizbuch die Namen der Rosen und das Alter der Bäume ein. Manchmal zeichnet sie auch eine flüchtige Skizze dazu.

Als Anna Ballerina den herrlichen Luxusdampfer besteigt,

der sie zur Insel Madeira bringen soll, sieht sie aus wie eine Filmdiva.

Ihr geheimnisvolles Lächeln, ihre majestätische Haltung, der Blumenstrauß im Arm, das leise Klirren ihrer Halskette, das alles läßt sie sehr vornehmer und anmutiger erscheinen als all die anderen Passagiere.

Der kleine Koalabär, der hinter ihr das Schiff betritt, schaut sie voller Bewunderung an. „Ich wette, sie ist eine Schauspielerin oder eine Sängerin", flüstert er seiner Mutter zu. „Wie wunderschön sie doch ist! Und was für einen großen Blumenstrauß sie hat!"

Die Koalabärin ermahnt ihren Sprößling, denn vor lauter Begeisterung für die schöne Katze wäre er beinahe hingefallen.

Aber wie kommt es, daß Anna Ballerina immer so tadellos gekleidet ist? Wie schafft sie es, sogar im Urlaub jeden Tag ein frisch gebügeltes Kleid anzuhaben? Wie ist so was möglich? Kann sie vielleicht zaubern?

Das Geheimnis ist leicht zu lösen, obwohl es ein zweifaches ist. Anna hat dreizehn Kleidertruhen mit sich. Ja, ihr habt ganz richtig verstanden: dreizehn Schiffskoffer voller Kleider und Zubehör!

Außerdem hat sie vor der Abreise die Maulwürfin Resi Redlich gebeten, sie zu begleiten.

Und der schüchternen Maulwürfin macht nichts mehr Spaß, als in der Kabine zu bleiben und die herrlichen Kleider auseinanderzulegen, zu falten, zu bügeln, zu reinigen und auszubürsten.

Aber glaubt ja nicht, daß Anna Ballerina nichts anderes zu tun hat, als sich hübsch anzuziehen, zu kämmen und zu schminken.

Sie ist überaus regsam und unternehmungslustig. So begibt sie sich schon in aller Früh auf das Deck des Schiffes zu einem Morgenspaziergang.

Später spielt sie mit den anderen Passagieren Federball. Am liebsten vergnügt sie sich mit der Mutter des kleinen Koalabären.

Der hat sich immer noch nicht an Anna Ballerinas auffallende Erscheinung gewöhnt und starrt sie ständig mit seinen großen Augen an.

Aber ehrlich gesagt, sie sieht auch wirklich hinreißend aus

mit der bunten Halskette, dem Turban und den Schleifen, die bei jedem Schlag lustig flattern.

Am Nachmittag ruhen sich die Passagiere auf den Liegestühlen aus, mit einer leichten Decke zugedeckt, und lassen sich sanft von den Wellen hin und her schaukeln.

Auch unsere Freundin vertreibt sich gern auf diese angenehme Weise die Zeit. Wenn sie nicht gerade vor sich hin träumt, zeichnet sie in ihr Notizbuch ein paar Skizzen von Ballettkostümen oder von neuen Tanzschritten und Figuren.

Heute wird sie unsanft gestört, als ein Ball auf ihrem Schoß landet. Er gehört dem kleinen Koalabären, der verdattert ein paar Worte der Entschuldigung stammelt.

„So, der Ball gehört jetzt mir!" scherzt Anna Ballerina. Aber gleich darauf gibt sie ihn mit einem freundlichen Lächeln dem Jungen zurück.

Das Abendessen findet in einem geräumigen Speisesaal statt, der von großen Kronleuchtern erhellt ist. Auf den weißen Tischdecken funkeln Kristallgläser und Silberbesteck. Alle Passagiere sind festlich gekleidet, und Anna Ballerina ist wieder einmal die Eleganteste von allen.

Als sie den Speisesaal betritt, ruhen Blicke der Bewunderung auf ihr, denn sie hat einen türkisfarbenen Turban auf, der mit rosaroten Federn geschmückt ist.

Gefolgt von Resi Redlich, geht Anna auf den Kapitän zu, der die beiden Freundinnen an seinen Tisch eingeladen hat. „Ich bin zutiefst geehrt und überaus glücklich, eine so große Künstlerin an Bord meines Schiffes willkommen zu heißen", sagt der Kapitän zu Anna Ballerina und gibt ihr einen galanten Handkuß.

Beim Abendessen geht es ziemlich lebhaft zu. Wie ihr bereits wißt, interessiert sich Anna Ballerina für viele Dinge. So stellt sie unzählige Fragen an den Kapitän. „Wie viele Schiffe haben Sie schon gesteuert?" – „Was war Ihre abenteuerlichste Seefahrt?" – „Haben Sie jemals einen blinden Passagier an Bord gehabt?"

Während der Gänserich die köstlichen Speisen zu sich nimmt, beantwortet er alle Fragen, und die schüchterne Maulwürfin lauscht atemlos dem interessanten Gespräch.

Nach dem Abendessen kommt der kleine Koalabär an den Tisch und überreicht Anna Ballerina ein Blatt Papier mit einem gemalten Blumenstrauß. Dabei ist er so aufgeregt, daß er versehentlich auf das Kleid der Künstlerin tritt und ein paar Flecken hinterläßt.

Der Ärmste ist wirklich ein Pechvogel!

Nach einer Reihe von Sonnentagen braut sich plötzlich ein Gewitter zusammen. Es blitzt und donnert, daß man meinen könnte, die Welt ginge jeden Augenblick unter. Haushohe Wellen klatschen mit aller Wucht gegen das Schiff.

In der Kabine der Katze und der Maulwürfin geht es, wie in allen anderen Kabinen, drunter und drüber. Die Gegenstände werden nur so herumgewirbelt. Bald sieht es aus wie auf einem Schlachtfeld.

Resi Redlich fürchtet sich zu Tode, und außerdem ist ihr von dem heftigen Schaukeln schon ganz übel. Völlig geschafft liegt sie reglos auf ihrem Bett.

Anna Ballerina dagegen ist die Ruhe in Person. Sie versucht, ihre Reisegefährtin zu beschwichtigen: „Kein Grund zur Besorgnis, Fräulein Redlich! Sie werden sehen, sobald der Sturm vorüber ist, kommt gleich wieder die Sonne hervor..."

Dann beginnt sie seelenruhig, in der Kabine aufzuräumen. Zum Glück hat sie ein gutes Standvermögen, denn das Schiff wird wie eine Nußschale in einem reißenden Bach von den Wellen gebeutelt.

Aber jetzt zeigt sich, daß die Katze eine große Ballerina gewesen ist, die auf den Zehenspitzen die schwierigsten Pirouetten ausführen konnte. Eine so große Tänzerin verliert auch auf hoher See nicht das Gleichgewicht!

Ihr Glücksbringer, die bunte Halskette, scheint bei dem wilden Tanz den Takt anzugeben. Um nichts in der Welt würde sie sich wieder von ihr trennen.

Der Sturm hält drei Tage und drei Nächte an, aber die

tapfere Katze läßt sich davon nicht beirren. Sie geht weiterhin jeden Morgen an Deck spazieren. Immer ist sie elegant gekleidet. So trägt sie jetzt einen leuchtendgrünen Regenmantel mit Hut, und um ihren Hals baumelt lustig die bunte Kette.

Ihr großer Bewunderer, der kleine Koalabär, darf nicht auf das Deck, denn der Wind könnte ihn ins Wasser stoßen. (Zumindest befürchtet das seine Mutter.) Und so drückt sich der Kleine die Nase an dem Bullauge der Kabine platt. Er beobachtet die Katze, die keine Angst kennt und bezaubernd wie immer aussieht.

An einem dieser stürmischen Abende sitzt Anna Ballerina

ganz allein im leeren Speisesaal und läßt sich von den Kellnern bedienen. Die eifrigen und zuvorkommenden Pinguine machen tausend Verrenkungen, um ja keine Speisen zu verschütten, denn das Schiff ist nur noch ein Spielball der Wellen.

Sicherlich fragt ihr euch, warum sie allein ist. Der Grund ist ganz einfach: Die anderen Passagiere liegen seekrank in ihren Kabinen und haben keinen Appetit.

Und der Kapitän darf natürlich bei einem solchen Unwetter seinen Posten an Deck nicht verlassen. Aber da er nach einem so anstrengenden Tag eine ordentliche Stärkung nötig hat, bringen ihm die Ober besonders leckere Gerichte an Deck.

Endlich scheint wieder die Sonne, und die Passagiere können ihre Kabinen verlassen. Ihr solltet sehen, wie einer

nach dem anderen auf wackeligen Beinen ins Freie tritt. Blaß und geschwächt finden sich alle auf dem sonnigen Deck ein.

Jeder erzählt, wie er unter dem Sturm gelitten hat.

Der Kapitän aber sagt voller Bewunderung zu Anna Ballerina: „Sie sind eine richtige Wasserratte!" und bricht in schallendes Gelächter aus.

In diesem Augenblick passiert etwas völlig Unerwartetes: Die schöne Halskette der Katze reißt.

Das ist doch nicht zu fassen! Dem Sturm und dem heftigen Schwanken des Schiffes hat sie standgehalten, und jetzt, da alles wieder ruhig ist, reißt sie entzwei!

Die wertvollen Perlen rollen über das Deck.

Der kleine Koalabär zögert keine Sekunde lang. Er wirft sich, wie man es von einem echten Kavalier erwartet, bäuchlings auf den Boden, um in Windeseile die Perlen aufzulesen. Dabei jauchzt er vor Freude, als handle es sich um ein lustiges Spiel, das Fleiß und Ausdauer verlangt.

Schwuppdiwupp sammelt er eine Perle nach der anderen ein und legt sie in seine Mütze. Zehn Minuten später überreicht er sie voller Stolz Anna Ballerina.

Ihr könnt euch gewiß vorstellen, wie glücklich der kleine Koalabär ist! Endlich hatte er Gelegenheit, der angebeteten Ballerina einen Gefallen zu erweisen.

Als Belohnung lädt Anna Ballerina den kleinen Koalabären noch am selben Tag zum Essen ein. Sie bittet ihn, sich ganz allein (ohne seine Mutter!) an ihren Tisch zu setzen.

Mit Hilfe der Maulwürfin Resi Redlich hat die Katze in der Zwischenzeit alle Perlen aufgefädelt, und der Glücksbringer ziert wieder ihren schlanken Hals.

Der Koalajunge nimmt mit klopfendem Herzen an Anna Ballerinas Tisch Platz. Als er seine Serviette hochhebt, findet er darunter eine wunderschöne Fotografie der Tänzerin, die folgende Widmung trägt:

*Ein herzliches Dankeschön meinem treuen Freund Koala, dem besten Perlenfischer der Welt!*

# Die abenteuerliche Zugfahrt des Severin Dachs

Man kann wahrlich nicht behaupten, Severin Dachs, der Stationsvorsteher von Möhrenfeld, habe sich auf seine Urlaubsreise nicht gründlich vorbereitet.

Es gibt Leute, die reisen Hals über Kopf ab, ganz ohne Plan und Ziel. Es gibt aber auch Leute wie unser Freund Severin. Die bereiten sich monatelang auf ihren Urlaub vor und studieren Abend für Abend den Fahrplan der Eisenbahn.

Vielleicht mag es euch sonderbar erscheinen, aber unser Stationsvorsteher hat beschlossen, eine ganz besonders weite

Reise mit dem Zug ins ferne Deutschland zu machen. Nun ja, Severin Dachs liebt eben Züge über alles – für ihn gibt es kein anderes Transportmittel.

Die Reise soll kreuz und quer durch Deutschland gehen. Er möchte nur mit Eilzügen und Zügen des Nahverkehrs fahren, denn die bleiben oft stehen. Severin hat nämlich vor, möglichst viele Bahnhöfe zu fotografieren, und er möchte ein ganzes Album mit seinen Bildern füllen.

Nachdem er nächtelang die Eisenbahnlinien studiert hat, zieht er schließlich mit einem Rotstift die gewählte Route nach. Jede Station kennzeichnet er mit einem Kreuz. Dann wirft er einen letzten Blick auf den Fahrplan und trägt die Abfahrts- und Ankunftszeiten in sein Reisetagebuch ein.

Dabei macht er ein so angestrengtes Gesicht, als müßte er eine schwierige Rechenaufgabe lösen.

Endlich ist der Tag der Abreise gekommen! Severin Dachs kommt sich ganz komisch vor, wie er so als Fahrgast und in Reisekleidung auf dem Bahnsteig „seines" Bahnhofes auf und ab geht und auf den Zug wartet.

Da hört er auch schon den schrillen Pfiff des herandonnernden Zuges und macht sich zum Einsteigen bereit.

Doch unser Dachs ist ziemlich ungeschickt, und die Stufen sind für ihn zu hoch und zu steil. Deshalb schafft er es nur mit Mühe, mit all dem Gepäck in den Zug zu klettern. Es verwirrt ihn auch, daß ein anderer als er den Pfiff zur Abfahrt gibt.

Ob der Zug wohl auf das Signal eines Fremden hören wird?

Ja, es geht tatsächlich auch ohne ihn. Ein Pfiff ertönt, und gleich darauf saust der Zug durch die Landschaft.

Nach kurzen Aufenthalten in Hederich und in Sonnenstadt kommt der Zug an der Grenze an.

Die Grenze ist natürlich eine Sehenswürdigkeit!

Severin Dachs beugt sich aus dem Fenster, um zu fotografieren: die Fahnen an den Grenzhäuschen, die Schilder mit der Aufschrift „Zoll", „Geldwechsel", „Andenken".

Eine Feldmaus in seinem Abteil macht ihn darauf aufmerksam, daß es auch im stehenden Zug gefährlich ist, sich aus dem Fenster zu beugen.

Und eine Gans bittet ihn ziemlich schroff, das Fenster wieder zu schließen, da sie schrecklich friere.

Nach einer Reihe kurzer Aufenthalte in den Bergen erreicht der Zug eine weitere Grenze. Diesmal ist es die Grenze zu Deutschland.

Severins Abenteuer beginnt damit, daß er hier umsteigen muß. Bevor er das Abteil verläßt, sieht er nach, ob er ja nichts vergessen hat. Das würde ihm gerade noch fehlen, wenn er eine Tasche oder einen Koffer zurückließe! Auf dem Bahnsteig wimmelt es nur so von Reisenden, die durch die Paßkontrolle müssen. Die meisten sehen so unruhig aus, als müßten sie zu einer Prüfung antreten. Unser Stationsvorsteher aber ist die Ruhe in Person. In einer Hand hält er den Reisepaß, und in der anderen hat er den Fotoapparat. Er möchte trotz des Gedränges auch diese Grenze fotografieren.

Der Zollbeamte wirft einen flüchtigen Blick in Severins Paß. Dann fordert er ihn auf, seine Tasche zu öffnen. Als er die vielen Filme darin findet, lächelt er dem Dachs zu und wünscht ihm eine gute Reise.

Unser Freund fährt mit einem Eilzug weiter und wird durch das sanfte Rütteln in den Schlaf gewiegt.

Doch plötzlich läßt ihn das Kreischen der Bremsen hochfahren. Der Zug bleibt in einem kleinen Bahnhof stehen, der reich mit Blumen geschmückt ist: an den Fenstern, vor dem Eingang, auf dem Geländer, den Giebeln, unter der Bahnhofsuhr und um den Springbrunnen herum – überall stehen blühende Blumentöpfe.

Der Dachs ist so hingerissen, daß er sogar das Fotografieren vergißt.

Der Stationsvorsteher setzt nun seine Reise mit einem anderen Zug fort. Er trägt die Namen aller Stationen und ihre Besonderheiten in sein Notizbuch ein. Er ist so eifrig bei der Arbeit, daß er selbst vergißt, zu essen und zu schlafen.

Die Fahrt geht an herrlichen Wäldern vorbei, in denen er erholsame Spaziergänge machen könnte. Seine Reiseroute führt ihn durch wunderschöne Gegenden, die Ruhe und Erholung versprechen. Doch Severin Dachs, der sogar abends noch fleißig ist, will von Urlaub und Entspannung nichts wissen. Sogar nachts gönnt er sich keine Pause. Am Abend fotografiert er mit Blitzlicht einen Bahnhof im Mondschein!

Nach drei Tagen kommt Severin Dachs in einem malerischen Städtchen mit dem Namen Apfelkreut an.

Ein Blick auf den Fahrplan verrät ihm, daß er eine Viertelstunde Aufenthalt hat. Er beschließt auszusteigen und um den Bahnhof herum ein paar Fotos zu machen. Damit er sich freier bewegen kann, läßt er das Gepäck im Abteil zurück.

„Oh, wie schön!" ruft er voller Bewunderung, als er den Bahnhofsplatz erblickt.

Es ist in der Tat einer der schönsten Plätze, die Severin Dachs je gesehen hat.

Das Bahnhofsgebäude ist ein alter Palast mit einem steilen Dach und einer wunderschönen Uhr. Vor den Fenstern befinden sich niedrige schmiedeeiserne Balkone.

Unser Fotograf ist von den herrlichen Motiven ganz begeistert und knipst munter drauflos.

„Das ist sicherlich der schönste Bahnhof in meinem Album!" murmelt er vor sich hin.

Plötzlich reißt ihn ein schriller Pfiff aus seiner Verzückung. Der Zug fährt ab! Severin Dachs kann ihm nur noch tatenlos hinterherschauen. Mit verzweifelter Miene beobachtet er, wie die letzten Waggons aus seinem Blickfeld verschwinden.

„Verflixt und zugenäht!" ruft er. „Mein Gepäck, meine Notizbücher, mein Reisetagebuch!"

Seine Verwirrung läßt sich kaum in Worte fassen. Das Herz klopft ihm bis zum Halse, und vor Schreck hat es ihm die Sprache verschlagen.

Doch nach einer Weile hat sich unser Stationsvorsteher wieder gefaßt. Er stürzt zur Zugauskunft. Dort trifft er zum Glück auf einen verständnisvollen Kollegen.

Es ist ein freundlicher Rehbock, der sich alle Mühe gibt, den aufgeregten Dachs zu verstehen. Als er endlich begriffen

hat, worum es geht, greift er zum Telefon. Er ruft bei allen Bahnhöfen auf der Strecke des Eilzuges an, um die Ankunft des herrenlosen Gepäcks anzukündigen.

„Sehen Sie zu, daß die Koffer nicht weiterbefördert werden!" sagt er zu seinen Kollegen. Er tut so, als handle es sich um eine gefährliche Bombe und nicht um ein einfaches Reisegepäck.

Dann erklärt er Severin Dachs, daß er seine Sachen erst am nächsten oder übernächsten Tag zurückhaben kann. Er rät ihm, Ruhe zu bewahren und im Bahnhofshotel abzusteigen.

Das kleine, gemütliche Hotel wird von Frau Erika geleitet, einem freundlichen und zuvorkommenden Murmeltier.

Frau Erika tischt dem verärgerten Stationsvorsteher ein

köstliches Abendessen auf. Ihre *Schwarzwälder Kirschtorte* stimmt ihn wieder versöhnlich und gibt ihm seine gute Laune zurück.

Jetzt betrachtet er auch sein Mißgeschick mit anderen Augen. „Im Grunde ist ja nichts Schlimmes passiert", sagt er sich. „Eigentlich tut mir diese Ruhepause ganz gut. Und schließlich muß man bei einer Zugreise auch mal ein Bahnhofshotel besichtigen."

Nachts schläft er tief und fest. Ein zufriedenes Lächeln spielt um sein Gesicht.

Nachdem er ausgiebig gefrühstückt und zu Mittag gegessen hat, begibt sich unser Stationsvorsteher wieder zum Bahnhof.

„Wir haben Ihr Gepäck gefunden", verkündet ihm der

Rehbock. „Morgen wird es hier sein." Dann erzählt er dem Dachs, daß in Apfelkreut gerade die Apfelernte begonnen hat. „Kommen Sie doch auch! Das wird Sie ein wenig ablenken."

Severin Dachs überlegt einen Moment. Warum eigentlich nicht? Die Sonne scheint, und die Apfelkreuter sind lustige Leute. So nimmt Severin an der Apfelernte teil.

Abends finden sich alle in einem großen Zelt auf dem Marktplatz ein, wo fleißig gegessen und getrunken wird. Auch der Rehbock ist da und feiert mit seinen Freunden das Apfelfest. Severin Dachs verrät ihm im Laufe des Gesprächs, daß auch er Stationsvorsteher ist... Ein Stationsvorsteher, der den Zug versäumt!

Alles beginnt schallend zu lachen, im Glauben, es handle sich um einen Scherz.

Von dem Gelächter angeregt, erzählt Severin Dachs noch andere lustige Begebenheiten aus seinem Berufsleben. Der Rehbock kann leider nicht mit so heiteren Episoden aufwarten. Er hat das Gefühl, das Leben in anderen Ländern sei viel interessanter.

Obwohl alle sehr spät zu Bett gegangen sind, stehen sie am nächsten Tag in aller Frühe auf, um den zweiten Tag des Apfelfestes zu feiern.

Die Sonne lacht vom Himmel, und der milde Herbst hat die Wälder goldgelb und zinnoberrot gefärbt.

Die Frauen von Apfelkreut haben Torten und Kuchen

gebacken, die neben anderen Spezialitäten dieser Gegend aufgetragen werden. Die Tische sind festlich gedeckt. Buntes Laub, Haselnüsse und farbige Bänder zieren die Tischdecke. Das Zeltdach ist mit herrlichen Girlanden und Apfelgebinden geschmückt.

Severin Dachs ist von dem reichhaltigen Angebot ganz verwirrt. Wie kann er bloß all den Köstlichkeiten widerstehen? Schließlich waren Schlemmereien auf seiner Reise nicht vorgesehen. Doch wie ihr euch denken könnt, war sein Zögern nicht von langer Dauer. Schließlich hat unser Dachs längst begriffen, daß das Leben nicht nur aus Plänen und Prinzipien besteht.

Ein paar Bauern haben eine Obstpresse aufgestellt und schenken süßen und herrlich duftenden Apfelsaft aus.

Ein Igel spielt munter auf seiner Ziehharmonika, und einige Apfelkreuter tanzen dazu.

Noch nie in seinem Leben hat sich Severin Dachs so gut unterhalten.

Deshalb beschließt er auch, den Rest seines Urlaubs in dem hübschen Städtchen zu verbringen, wo er so nette Freunde gefunden hat.

Er hebt sein Glas und ruft: „Es lebe Apfelkreut, das nicht in meiner Reise eingeplant war! Es lebe der Zufall, der unser Leben erst interessant macht!" Als die Apfelkreuter hören, daß Severin Dachs noch länger bleiben will, stimmen sie ein fröhliches Lied an. Sie freuen sich, daß der freundliche Fremde sich bei ihnen wohlfühlt.

Als sein Gepäck wieder da ist, trägt er es in das Bahnhofshotel, in dem er noch zwei Wochen wohnen wird. Nun hat er

genügend Zeit für Spaziergänge und Besichtigungen, zum Ausgehen und Ausruhen in der Natur. Kurz, er entspannt sich so sehr, daß er sogar das Fotografieren vergißt. Und was macht es schon, wenn er nach seiner Rückkehr das Fotoalbum nicht gleich vollbekommt?

Am Tag der Abreise nimmt er schweren Herzens von Apfelkreut Abschied. Um ihn zu trösten, verspricht der Rehbock ihm, ihn noch in diesem Jahr in Möhrenfeld zu besuchen.

„Vielleicht können unsere beiden Städtchen Partnerstädte werden", murmelt Severin Dachs verträumt vor sich hin. „Ich werde mit dem Bürgermeister darüber reden..."

# Kasimir entdeckt das Tulpenparadies

Kasimir Keimling, der tüchtige Gärtner aus Möhrenfeld, kehrt voller Wehmut das welke Laub im Garten der Rosigs zusammen. Der Sturm der vergangenen Tage hat die Bäume so heftig gebeutelt, daß nun auch die letzten Blätter abgefallen sind.

Dann stutzt Kasimir die verwelkten Rosensträucher und reißt die vom Regen verfaulten Astern aus. Zuletzt sticht er mit dem Spaten die dunkle Erde der Blumenbeete um.

Unser Gärtner ist arg betrübt. Der Himmel ist ein typischer grauer Novemberhimmel, und im Garten der Rosigs blüht keine einzige Blume mehr. Alle Farben sind aus ihm gewichen.

Kasimir Keimling hat nichts mehr zu tun. Deshalb macht er ein Gesicht wie sieben Tage Regenwetter.

Mit schlürfenden Schritten geht er zum Schuppen am Ende des Gartens und stellt die Geräte hinein. Drinnen ist es picobello aufgeräumt. Stellt euch vor, Kasimir Keimling hat sogar elektrisches Licht eingebaut, so daß es in dem Schuppen richtig gemütlich ist.

Der Gärtner setzt sich an den Tisch und blättert geistesabwesend in einer Gartenzeitschrift. Plötzlich fällt sein Blick auf eine Seite, auf der herrliche Tulpen in allen Größen und Farben abgebildet sind.

Wenn er durchs Fenster schaut, sieht er nichts als Wolken und Regen, und hier in diesem Heft sind die schönsten Tulpen zu sehen.

Kasimir Keimling verliebt sich auf den ersten Blick in diese Blumenpracht. Er möchte sich unbedingt die Tulpenzwiebeln besorgen, koste es, was es wolle. Jetzt ist auch der richtige Zeitpunkt, um sie in die Erde zu setzen. Deshalb darf er keine Zeit verlieren.

Kasimir hat schon früher einmal Tulpen gezüchtet. Aber die ließen sich nicht mit den Prachtexemplaren in der Zeitschrift vergleichen.

Er hat keine andere Wahl: Er muß sich direkt an den Züchter wenden und sich an Ort und Stelle diese einmaligen Blumen beschaffen. Nachdem er diesen Entschluß gefaßt hat, geht er schnurstracks zu Frau Rosig und bittet sie um ein paar Tage Urlaub.

Der Gärtner trifft sofort alle Reisevorbereitungen für das herrliche Land, das diese wunderschönen Blumen hervorbringt und Holland heißt.

Doch bevor er abreist, spricht er unter vier Augen mit seinem Freund, dem Bäckergehilfen. Der gibt ihm auch diesmal den richtigen Rat. Er schlägt ihm vor, sich an den Mehlhändler zu wenden, der am nächsten Tag mit seinem Lieferwagen in Richtung holländische Grenze fährt. Sicherlich wird er Kasimir ein Stück mitnehmen.

Und so steigt unser Freund mit einem Ranzen bepackt in den Lastwagen des Mehlhändlers ein.

Viele Stunden rattern die beiden über die holprigen Landstraßen.

Schließlich machen sie an einer Raststätte für Fernfahrer halt. Beim Essen erzählen sich die Männer, welche Waren sie geladen haben und wohin die Fahrt geht.

Die einen müssen in ferne Länder, die anderen durch gottverlassene Gegenden. Manche fahren über verschneite Berge, und andere wiederum sind bei dichtem Nebel oder Regen unterwegs...

Kasimir Keimling bleibt vor Staunen der Mund offen, als er sich diese Erlebnisse anhört. Unglaublich, was sich alles jenseits seiner Gartenmauer tut!

In dieser Raststätte macht unser Gärtner die Bekanntschaft eines holländischen Lastwagenfahrers. Sein Beruf ist es, täglich frischen *Gouda*-Käse ins Möhrenfelder Land zu liefern. Am nächsten Morgen nimmt ihn dieser Lastwagen mit, der nun leer nach Holland zurückfährt, nachdem er eine Ladung Käse zu seinen Kunden gebracht hat.

Nach mehreren Stunden Fahrt läßt der Lastwagenfahrer den Gärtner an der gewünschten Stelle aussteigen. Kasimir Keimling bedankt sich herzlich bei ihm: „Sie haben mir einen großen Gefallen erwiesen, lieber Freund. Vielen Dank und gute Fahrt!"

Bevor Kasimir Keimling seine Wanderung antritt, blickt er sich nach allen Seiten um.

Um ihn herum ist alles flach. Über die schier endlose Ebene streicht ständig ein kühler Wind. Majestätisch ragen die Windmühlen aus dem Flachland hervor. Staunend beobachtet unser Freund die gewaltigen Windmühlenflügel, die sich langsam drehen.

„Vorwärts, marsch!" feuert sich Kasimir Keimling an. „Eins, zwei, eins, zwei... Auf Reisen darf man keine Zeit verlieren."

Um zu dem Tulpengärtner zu gelangen, den er in seinem Notizbuch eingetragen hat, muß Kasimir einen Kanal überqueren. Von der Brücke aus bewundert er einen Frachtkahn, der vollbeladen flußabwärts gleitet.

Wie herrlich muß das doch sein, sich auf so einem Kahn durch die Landschaft treiben zu lassen! denkt Kasimir Keimling und lächelt verträumt vor sich hin. Das würde mir einen Riesenspaß machen. Wer weiß, vielleicht könnte ich eine kleine Schiffahrt auf den Flüssen und Kanälen machen? Aber zuerst muß ich natürlich meine Tulpenzwiebeln einsetzen.

Kasimir Keimling ist so sehr in seine Gedanken vertieft, daß ihm der Weg gar nicht so lang vorkommt und er bald am Ziel ist.

Die Bäuerin, Frau van Gouda, tritt ihm in der Landestracht gekleidet entgegen und empfängt ihn mit überschwenglicher Herzlichkeit. Sie hört ihm aufmerksam zu und sagt schließlich: „Wenn ich Sie richtig verstanden habe, sind Sie Gärtner und möchten bei mir Tulpenzwiebeln kaufen. Nichts einfacher als das. Folgen Sie mir, bitte!"

Sie führt ihren Gast in einen großen Kellerraum, in dem die Tulpenzwiebeln gelagert sind.

Dann zählt sie dem Gärtner die einzelnen Sorten auf und beschreibt ihm Form, Größe und Farbe der Tulpen. Außerdem erklärt sie ihm, wie er die Zwiebeln einsetzen muß, welche Erde und welcher Dünger notwendig sind, wie oft gegossen werden muß und wann die Tulpen schließlich blühen.

Sie rät ihm, mehrere Sorten zu nehmen. Zum Beispiel eine für Rabatten und eine andere für ein größeres Beet.

Dann sucht sie ihm eine Menge schöner Tulpenzwiebeln aus, die Kasimir Keimling in seinem Rucksack verstaut.

Als der Gärtner die ungewohnte Last auf dem Rücken spürt, ist ihm, als trüge er einen Schatz nach Hause.

Kasimir Keimling und Frau van Gouda nehmen feierlich voneinander Abschied. Der Gärtner verneigt sich tief und verspricht, die Bäuerin über das Gedeihen der Tulpen auf dem laufenden zu halten.

Dann macht sich der Gärtner glücklich wieder auf den Heimweg. Er singt munter vor sich hin, als er die Straße entlangwandert.

Eigentlich könnte ich vor der Abreise einen Tag Urlaub machen, sagt er sich.

Gedacht, getan. Kasimir mietet sich ein Fahrrad und fährt flott die Feldwege entlang. Auf den ebenen Wegen kommt er mühelos voran. Es lebe Holland, das Land ohne Hügel!

Schon lange hat Kasimir Keimling keinen so großen Spaß gehabt. Er ist ganz begeistert von seiner Radtour. Er flitzt mit flatternden Ohren dahin und fühlt sich wieder ganz jung.

Er strampelt durch Dörfer, deren Häuser rote, stufenförmige Ziegeldächer haben.

Er fährt über Brücken, an Kanälen entlang und schaut den Wolken nach.

Dann besucht er einen holländischen Markt. Neugierig betrachtet er die verschiedenen Waren. Die bequemen Holzpantinen haben es ihm besonders angetan, und so kauft er sich ein Paar. Außerdem ersteht er einen kugelförmigen Käse, den er vorsichtig in seinem Rucksack verstaut.

Nun ist es aber höchste Zeit, daß unser Gärtner nach

Möhrenfeld zurückkehrt, denn die Tulpenzwiebeln müssen eingesetzt werden.

Wie gut, daß ich noch vor meiner Abreise die Blumenbeete umgestochen habe, denkt Kasimir erleichtert.

Er hat sich vorgenommen, mit dem Bus nach Hause zu fahren. Da er früh genug am Bus ist, kann er sich in aller Ruhe einen schönen Fensterplatz in der Nähe der Tür aussuchen. Er legt seinen Ranzen auf die Gepäckablage und vergewissert sich, daß er ja nicht herunterfallen kann. Dann setzt er sich und wartet, daß es losgeht.

In einer Viertelstunde soll der Bus abfahren. Ein Fahrgast nach dem anderen steigt ein, und allmählich füllt sich der Bus.

Kasimir Keimling fragt sich, ob sich wohl jemand neben ihn setzen wird.

Da kommt auch schon eine Bäuerin, die vollbepackt vom Markt zurückkehrt. Ihre Tasche ist ebenfalls grün und dem Ranzen des Gärtners zum Verwechseln ähnlich. Die Bäuerin nimmt neben dem Gärtner Platz und ist im Handumdrehen eingeschlafen. Sicherlich ist sie ganz früh aufgestanden.

Kasimir Keimling schaut unermüdlich aus dem Fenster, um sich die Gegend anzusehen.

An der ersten Haltestelle springt die Bäuerin erschrocken auf. Sie reibt sich die Augen und ruft: „Moment, ich muß aussteigen!" Hastig greift sie nach ihrer Tasche, doch in der

Eile erwischt sie statt dessen den Ranzen des Gärtners.

Kasimir Keimling beobachtet vom Fenster aus das Kommen und Gehen der Leute. Deshalb bemerkt er die Verwechslung nicht. Doch da erblickt er die Bäuerin, wie sie mit seinem Rucksack die Straße entlanggeht!

Erschrocken greift der Gärtner nach der Tasche der Bäuerin und springt rasch aus dem Bus, der gerade abfahren will. Wie ein Wilder rennt er der Bäuerin nach.

„Hallo! Hallo! Sie haben meinen Ranzen! Bleiben Sie stehen! So hören Sie doch!"

Endlich wird die Bäuerin auf ihn aufmerksam. Sie dreht sich um und begreift allmählich, was passiert ist. Da sie aber von der Verwechslung nicht ganz überzeugt ist, schlägt sie vor, den Inhalt beider Taschen zu prüfen.

Was für ein Zufall!

Es ist kaum zu glauben, aber in beiden Taschen befinden sich Zwiebeln. Nur sind die der Bäuerin keine Tulpenzwiebeln, sondern Zwiebeln zum Kochen.

Die Bäuerin beginnt schallend zu lachen. Sie stellt sich vor, daß sie beinahe eine Suppe aus Tulpenzwiebeln gemacht hätte. Dann entschuldigt sie sich bei dem Gärtner und dankt ihm für seine Mühe.

Nachdem die beiden ihre Habseligkeiten ausgetauscht haben, geht jeder seines Weges.

Doch Kasimir Keimling findet es gar nicht so lustig, daß er beinahe im Garten der Rosigs Speisezwiebeln eingepflanzt hätte. Und es schaudert ihm richtig bei dem Gedanken, daß seine wertvollen Tulpenzwiebeln beinahe geschält und geschnitten in einer Gemüsesuppe gelandet wären.

Er ist noch immer ganz durcheinander, als er in den Bus steigt. Der Fahrer hat auf ihn gewartet und mit großer Belustigung die beiden beobachtet, wie sie ihre Sachen austauschten. Natürlich hatten auch die anderen Fahrgäste ihren Spaß an dieser lustigen Szene.

Kasimir Keimling hat sich vorgenommen, von jetzt an gut auf seinen Ranzen aufzupassen. Er gibt ihn gar nicht mehr aus der Hand, sondern hält ihn auf den Knien fest. Den Kopf auf die Tulpenzwiebeln gebettet, schläft er schließlich ein.

Wollen wir wetten, daß er von einem Garten voll herrlicher Tulpen träumt?

# Im Land der Wolkenkratzer

Die Käuzin Käthe Heckmeck zittert vor Kälte, denn es weht ein eisiger Wind. Als ihr der Arzt Dr. Helferich über den Weg läuft, bleibt sie stehen und jammert: „Ist das nicht ein schreckliches Fieber? Einer nach dem anderen steckt sich an."

„Welches Fieber meinen Sie? Die Grippe?" fragt der Arzt.

„Nicht doch", krächzt die Käuzin. „Ich spreche vom Reisefieber!"

Käthe Heckmeck ist zutiefst beunruhigt, denn selbst den Bürgermeister hat das Reisefieber gepackt. Und wißt ihr, wohin er fährt? – Nach New York!

Der Bürgermeister von Möhrenfeld, Herr Ziegenbart, hat eigens eine Versammlung einberufen. Er will heute abend im Rathaus seinen Leuten den Grund seiner Reise mitteilen.

Zur Feier des Tages hat er sich seine bunte Schärpe umgehängt. Er räuspert sich ein paarmal, bevor er eine kurze Rede hält: „Liebe Freunde! Gestattet mir, daß ich euch von meinem Glück erzähle. Ich habe an einem Wettbewerb teilgenommen und gewonnen! Nun ja, es war eine ganz einfache Sache. Man mußte nur nachsehen, was unter dem Deckel der Joghurtgläser stand... Stellt euch vor, ausgerechnet ich habe den richtigen Deckel erwischt und den ersten Preis gewonnen: eine Reise nach New York mit einem einwöchigen Aufenthalt für zwei Personen. Und so fahre ich jetzt mit meiner Frau Agathe nach Amerika. Während meiner Abwesenheit wird mich der Vizebürgermeister, unser verehrter Bäckermeister Goldbrot, vertreten."

Den Leuten verschlägt es vor Staunen die Sprache.

Am nächsten Morgen gibt der Lehrer Kauz seinen Schülern Geographieunterricht. Er hängt eine große Landkarte an die Tafel und deutet mit seinem Stab auf die Ostküste Amerikas, um den Kindern zu zeigen, wo die Stadt New York liegt.

„Da muß man ja über das ganze Wasser!" ruft das Eichhörnchen Blitz.

„Dieses Wasser ist der Atlantische Ozean", erklärt der Lehrer.

„Fahren der Herr Bürgermeister und seine Frau mit dem Schiff?" erkundigt sich das Kaninchen Peppi.

„Nein, sie nehmen das Flugzeug, das geht schneller", erwidert Herr Kauz.

Die Klasse träumt mit offenen Augen vor sich hin...

Der Flug nach New York verläuft planmäßig: Frühstück, Mittagessen, Filmvorführung, Ruhepause, Musik usw.

Frau Ziegenbart ist selbstverständlich schrecklich aufgeregt. Sie läßt sich aber nichts anmerken, damit nicht jeder bemerkt, daß es ihre erste Flugreise ist. Ihre Nervosität hält sie jedoch nicht davon ab, in zehntausend Meter Höhe ein Honigbrötchen zu verspeisen, was sie besonders aufregend findet. Aber am prickelndsten ist für sie das Gefühl, hoch über den Wolken einen Film anzusehen...

Die Überraschungen nehmen kein Ende. Vor der Landung erinnert der Pilot die Passagiere, ihre Uhren um sechs Stunden zurückzustellen. Dieser Sprung in die Vergangenheit verwirrt Frau Ziegenbart ganz besonders. Aber auch ihr Mann ist darüber sehr verwundert.

„Donnerwetter, das ist ja wie bei den Krebsen! Die gehen auch rückwärts statt vorwärts!"

Als das Flugzeug bald darauf mit einer sanften Landung am Boden aufsetzt, beginnt Frau Ziegenbart vor Begeisterung zu klatschen, was ihrem Mann ein mildes Lächeln entlockt.

Wenig später haben unsere beiden Passagiere auch schon die Paßkontrolle hinter sich und drängen sich durch die Menge, um ihr Gepäck zu holen.

Dann fahren sie mit einem gelben Taxi in die Stadt und bestaunen die riesigen Wolkenkratzer von New York.

Als sie dann mit dem Gepäck vor ihrem Hotel aussteigen, bleiben sie einen Augenblick lang mit offenem Mund stehen und sehen sich fassungslos um.

Unsere beiden Kleinstädter finden sich urplötzlich in das hektische Leben einer Großstadt versetzt. Sie entdecken eine völlig neue, eine faszinierende und verblüffende Welt.

Sie wissen nicht, worüber sie mehr staunen sollen: über die Höhe der Häuser oder die Länge der Autos; die supermoderne Kleidung der Leute oder den ohrenbetäubenden Straßenlärm.

Doch alles in allem fühlt sich Agathe Ziegenbart in der neuen Umgebung recht wohl. Nur an die Aufzüge kann sie

sich nur schwer gewöhnen. Stellt euch vor: In Sekundenschnelle und völlig geräuschlos fahren die Lifte in das dreißigste Stockwerk und höher. Der armen Frau Bürgermeister dreht sich dabei beinahe der Magen um. Und Ohrensausen bekommt sie auch.

Doch andererseits könnte sie unmöglich die Treppe hochsteigen. Und so bleibt ihr nichts anderes übrig. Sie muß gute Miene zum bösen Spiel machen und sich dieser Höllenmaschine anvertrauen. Oben angelangt, ist es nicht besser, denn hier bekommt sie beinahe einen Schwindelanfall.

Ihr Hotelzimmer liegt im sechsunddreißigsten Stock. Als die Ärmste aus dem Fenster schaut und die Autos und

Menschen wie Spielzeug und Ameisen aussehen, fühlt sie sich weit weg von der Erde.

„Wie kann ich bloß hier oben schlafen? Sicherlich werde ich träumen, daß mein Bett davonfliegt oder in die Tiefe stürzt..."

Der Bürgermeister von Möhrenfeld hingegen hat vor gar nichts Angst. Im Gegenteil, er begeistert sich für alles und hetzt seine Frau mit Siebenmeilenschritten durch die Straßen...

Er möchte ganz New York kennenlernen. Seine Neugier ist schier unstillbar. „Der Bürgermeister von New York muß ein außergewöhnlicher Mann sein", sagt er zu seiner Frau.

„Unvorstellbar, wieviel Arbeit und Probleme er hat. Ich habe ja schon in Möhrenfeld so viel zu tun. Stell dir vor, ich wäre Bürgermeister von New York! Bei dem Gedanken allein wird mir schon schwindlig!"

„Sei unbesorgt, das wird sicher nie passieren", tröstete Agathe ihn.

Der Bürgermeister und seine Frau wollen unbedingt auf das *Empire State Building* hinauf, das über hundert Stockwerke hoch ist. Mit dem Lift geht das ganz rasch. Agathe erduldet stillschweigend die rasante Liftfahrt. Atemlos blickt sie von der Terrasse auf die Stadt hinunter. Die Aussicht ist so einmalig, daß unsere beiden Touristen weder Schwindelgefühl noch Müdigkeit verspüren.

Gebannt schauen sie auf die Wolkenkratzer der Stadt, die im Sonnenlicht glitzern... auf den breiten Fluß, der sich wie ein silbernes Band dahinschlängelt... auf die *Freiheitsstatue*.

Was für eine herrliche, unvergleichliche Stadt!

Aber seid unbesorgt: Herr und Frau Ziegenbart haben nicht die Absicht, den Rest ihres Lebens auf diesem Wolkenkratzer zu verbringen. Im Gegenteil, sie sind heilfroh, wieder unten auf der Erde zu sein. Zu Agathes großer Freude sind die Straßen und Geschäfte festlich geschmückt, denn die Weihnachtszeit hat begonnen.

Die Schaufenster sind wahre Augenweiden... New York hat natürlich unendlich viele Geschäfte. Agathe weiß gar nicht, wohin sie zuerst schauen soll. Schließlich kommt die

Ärmste aus dem kleinen Städtchen Möhrenfeld, wo es keine besonderen Geschäfte gibt. Wenn man mal etwas Ausgefallenes haben will, muß man ins benachbarte Sonnenstadt fahren.

Hier in New York aber gibt es die elegantesten Läden.

„Ich möchte gerne für unsere Freunde ein paar Mitbringsel kaufen", sagt Agathe zu ihrem Mann.

„Eine gute Idee!" pflichtet Herr Ziegenbart ihr bei. „Weißt du schon, was du ihnen schenken willst?"

„Noch nicht, aber wir können in ein Kaufhaus gehen. Dort haben wir sicherlich eine große Auswahl."

Und ob! Eine zu große Auswahl sogar! Unsere beiden Freunde suchen alle Abteilungen auf und staunen nur so über die Vielfalt der Waren.

Schließlich kauft Agathe in der Souvenirabteilung ein paar kleine amerikanische Fahnen und lustige, bunte Wollstrümpfe.

Unsere beiden Touristen finden sich mittlerweile in den Straßen von New York ganz gut zurecht. Sie haben bereits mehrere Museen und Kunstgalerien besucht und in verschiedenen Restaurants gegessen. Aber dennoch ereignet sich immer wieder etwas Unvorhergesehenes. So hätte sich Agathe beinahe auf das vereiste Straßenpflaster gesetzt, weil eine Schneeflocke mitten auf ihrer Nase landete.

„Es schneit! Es schneit! Nie hätte ich gedacht, daß es in New York schneit", ruft sie erstaunt.

Die Flocken werden immer dichter, und bald wütet ein so

heftiger Schneesturm, daß unsere beiden Touristen nur mit Mühe und Not ihr Hotel erreichen.

Am nächsten Morgen scheint wieder die Sonne. Agathe stößt einen Schrei der Verzückung aus, als sie von ihrem sechsunddreißigsten Stockwerk aus die verschneite Stadt erblickt. „Ich möchte unbedingt einen Spaziergang machen", ruft sie ihrem Mann zu. „Mach schon und laß uns gehen!"

Sie fahren rasch mit dem Lift hinunter (Agathe bekommt jetzt keine Zustände mehr) und stürmen auf die Straße.

Es liegt soviel Schnee, daß kein Auto fahren kann und es ganz still ist.

Da tauchen auch schon die ersten Skifahrer auf. Wer hätte das in New York erwartet? Der *Central Park*, dieser riesige Park im Herzen der Stadt, ist von einer weißen, glitzernden Schneeschicht bedeckt.

Nachdem die Schneepflüge die Straßen geräumt haben, setzt der Verkehr wieder ein. Das Leben kehrt in die Stadt zurück. Unseren Freunden vergeht die Zeit wie im Flug. Der Höhepunkt des heutigen Tages ist eine Galavorstellung im Theater.

Sie sehen sich ein wunderschönes Musical an.

Herr und Frau Ziegenbart sind von den Kostümen, der Musik und den Stimmen der Sänger zutiefst beeindruckt. Der Bürgermeister von Möhrenfeld versteht sehr viel von Musik und weiß das Können der Künstler zu schätzen. Agathe dagegen begeistert sich mehr für den Tanz.

Beide klatschen heftig Beifall, summen leise mit und wippen im Takt. Alles um sie herum ist vergessen: der Winter, die Kälte, die finstere Nacht.

Nach der Vorstellung verlassen sie nur ungern das Theater. Dann stehen sie unschlüssig vor dem Eingang, die Musik noch in den Ohren und die Augen von den vielen bunten Lichtern geblendet...

Erst jetzt bemerkt Agathe, wie finster es ist und daß die Straßen zu so später Stunde doch recht unheimlich sind. Plötzlich wird ihr ganz mulmig.

Herr Ziegenbart hält vergeblich nach einem Taxi Ausschau, und so machen sich unsere beiden Freunde in der Finsternis und Kälte auf den Weg.

Doch der Nachhauseweg ist nicht so schlimm, wie sie es sich

vorgestellt hatten. Nach einer Stunde Fußmarsch kommen sie wohlbehalten in ihrem Hotel an.

Der Rückflug ist sehr stürmisch, und Frau Ziegenbart steht tausend Ängste aus. Sie ist sehr erleichtert, als sie wieder in Möhrenfeld ankommt!

„Wir fahren bald wieder nach New York!" sagt sie dennoch zu ihrem Mann.

„Okay", erwidert dieser lachend.

Drei Tage nach der Rückkehr laden Herr und Frau Ziegenbart alle Möhrenfelder zu sich nach Hause ein und schildern begeistert ihre Reise.

Der Bürgermeister verkündet mit lauter Stimme: „Meine lieben Freunde! Es gibt nichts Schöneres, als zu reisen! Deshalb werde ich nächstes Jahr für euch alle eine herrliche Weltreise veranstalten!"

Den engsten Freunden aber gesteht er, daß er sich nirgends so wohl fühlt wie in Möhrenfeld.